BEI GRIN MACHT SICH IH.
WISSEN BEZAHLT

Bibliografische Information der Deutschen Nationalbibliothek:

Die Deutsche Bibliothek verzeichnet diese Publikation in der Deutschen National-
bibliografie; detaillierte bibliografische Daten sind im Internet über http://dnb.d-
nb.de/ abrufbar.

Impressum:

Copyright © 2015 GRIN Verlag, Open Publishing GmbH
Druck und Bindung: Books on Demand GmbH, Norderstedt Germany
ISBN: 978-3-668-00399-6

Dieses Buch bei GRIN:

http://www.grin.com/de/e-book/301980/merkmalsanalyse-signifikanter-backup-
und-recovery-strategien-von-aktiengesellschaften

Lucas Dinhof

Merkmalsanalyse signifikanter Backup- und Recovery-Strategien von Aktiengesellschaften in Österreich

GRIN Verlag

GRIN - Your knowledge has value

Der GRIN Verlag publiziert seit 1998 wissenschaftliche Arbeiten von Studenten, Hochschullehrern und anderen Akademikern als eBook und gedrucktes Buch. Die Verlagswebsite www.grin.com ist die ideale Plattform zur Veröffentlichung von Hausarbeiten, Abschlussarbeiten, wissenschaftlichen Aufsätzen, Dissertationen und Fachbüchern.

Besuchen Sie uns im Internet:

http://www.grin.com/

http://www.facebook.com/grincom

http://www.twitter.com/grin_com

Fachhochschule Burgenland GmbH
Campus 1
A-7000 Eisenstadt

Merkmalsanalyse signifikanter Backup- und Recovery-Strategien von Aktiengesellschaften in Österreich

Bachelorarbeit 1

zur Erlangung des akademischen Grades

Bachelor of Science in Engineering - *B.Sc.*

Eingereicht von: Lucas Dinhof

Datum: 29. Jänner 2015

Vorwort

Mein Dank gilt meinem persönlichen Betreuer DI Wolfram Rinke, der mir immer mit Rat und Tat während der Verfassung dieser Bachelorarbeit zur Seite stand.

Außerdem danke ich meinem Cousin Nikolaus Dinhof, llb. b.sc. ll.m, der mir eine Hilfestellung zu rechtlichen Fragen gegeben hat.

Des Weiteren gilt mein Dank meiner Englischlektorin Marie Deissl-O'Meara, B.A. für Durchsicht des Abstracts.

Zu guter Letzt bedanke ich mich bei allen österreichischen Aktiengesellschaften, die schließlich an der Erhebung teilgenommen haben.

Anmerken möchte ich noch Folgendes: Aufgrund des Leseflusses wurde auf eine geschlechtergerechte Deutsche Sprache in der vorliegenden Bachelorarbeit verzichtet.

Abkürzungen werden umgehend an derselben Stelle des Textes oder der Abbildungen erklärt. Falls eine Abkürzung bereits erklärt wurde, wird bei weiterer Nennung nicht mehr darauf eingegangen. Die Internetquellen dieser Arbeit wurden zusätzlich im Anhang verewigt.

Lucas Dinhof

29. Jänner 2015

Kurzfassung Deutsch

Die vorliegende Bachelorarbeit umfasst eine umfangreiche Analyse signifikanter Merkmale von Backup- und Recovery-Strategien bei Aktiengesellschaften, die im österreichischen Firmenbuch vermerkt sind. Hintergrund ist die Situation, dass es immer wieder zu massiven Datenverlusten in der Unternehmenslandschaft kommt und die Konsequenzen für das Unternehmen oft existenziell bedrohlich sein können. Ziel dieser Bachelorarbeit ist es einerseits das Bewusstsein für die Wichtigkeit einer Backup- und Recovery-Strategie in einer Aktiengesellschaft in Österreich zu stärken. Andererseits ein wissenschaftliches Werk zu bieten, das Aktiengesellschaften in Österreich dienen kann, Merkmale von Backup- und Recovery-Strategien zu vergleichen.

Im ersten Abschnitt sind alle relevanten Begrifflichkeiten, die für eine weitere Auseinandersetzung mit der Thematik unbedingt notwendig sind, sowie aufgestellte Arbeitshypothesen zu finden.

Um die Forschungsfrage (Wie gestalteten sich Backup- und Recovery-Strategien von Aktiengesellschaften, die in das österreichische Firmenbuch eingetragen sind?) ausführlich beantworten zu können, wurde ein quantitatives Forschungsdesign mithilfe eines standardisierten Fragebogen mittels Online-Erhebung hinzugezogen. Eine sehr ausführliche Beschreibung über das Vorgehen, Methodik sowie Grundgesamtheit und Stichprobe sind im Hauptteil dieser Arbeit auffindbar. Detaillierte Ergebnisse mit Teilnehmerstatistiken der Online-Befragung und wie sich Backup- und Recovery-Strategien von Aktiengesellschaften, die im österreichischen Firmenbuch vermerkt sind, gestalten, sind ebenfalls im Hauptteil zu finden.

Im Schlussteil dieser Bachelorarbeit werden Arbeitshypothesen falsifiziert oder verifiziert und es erfolgt außerdem eine ausführliche Beantwortung der aufgestellten Forschungsfrage.

Abstract

The following bachelor thesis includes an extensive analysis of significant features characteristic of backup- and recovery-strategies of public limited companies, registered in the Austrian commercial register. In the light of the fact that over and over again there is massive loss of data in the corporate environment and the consequences for the company can be existentially threatening. The aim of this thesis is, on the one hand, to strengthen the awareness of the importance of a backup and recovery strategy in a public limited company in Austria. On the other hand, a scientific paper that can help public limited companies in Austria, to compare charcteristics of backup- and recovery-strategies.

All the relevant concepts that are essential for a further discussion of the topic, as well as the proposed working hypotheses can be found in the first section. In order to be able to answer the main research question (How are backup- and recovery-strategies of public companies, which are registered in the Austrian company register, designed?) in detail, a quantitative research design using a standardized questionnaire via online survey was carried out.

A very detailed description of the approach, methodology and population and random sampling can be found in the main part of this paper. Detailed results with participants statistics from the online survey, about how backup and recovery strategies in corporations, which are noted in the Austrian commercial register, are also to be found in the main part.

Detailed results derived from the online survey and backup- and recovery-strategies in corporations, which are noted in the Austrian commercial register, can be found in the main part of the paper.

In the final part of this bachelor paper hypotheses are falsified or verified and furthermore the research question is answered in detail.

Inhaltsverzeichnis

1 Einleitung

1.1 Problemstellung

Zuallererst gilt es folgende Frage zu stellen: Weshalb braucht jedes solide Unternehmen eine individuell zugeschnittene Backup- & Recovery-Strategie?

In erster Linie, um im Falle des Falles eines möglichen Datenverlustes Daten, vor allem unternehmenswichtige oder sensible Daten, wiederherstellen zu können. Daten sind für das Weiterbestehen eines Unternehmens unentbehrlich. Unternehmensdaten sind eine Art Kapital oder Wirtschaftsgut mit Wachstumsfaktor.

Der Verlust von Daten führt zu ernstzunehmenden Konsequenzen für Unternehmen und der wirtschaftliche Schaden ist oft enorm und nicht in Zahlen zu beziffern. Der gesamte Weiterbestand des Unternehmens kann unter Umständen gefährdet werden. Datenverlust hat unzählige Ursachen, dass ein derartiges Ereignis nie zur Gänze ausgeschlossen werden kann. Die Entwicklung einer individuellen Backup- & Recovery-Strategie ist daher für Unternehmen unentbehrlich. Bei der Auswahl der richtigen Backup- & Recovery-Strategie sind einige Hürden zu bewältigen, da der Umstand sehr komplex ist und viele Variablen zu betrachten sind. Eine Datensicherung und Datenwiederherstellung sind immer nur so gut, wie die dahinter liegende Strategie. Die Strategie ist in der Regel an das Unternehmen anzupassen.

Natürlich besteht ebenfalls die Möglichkeit externe Unternehmen oder IT-Experten für die Entwicklung der Backup- und Recovery-Strategie zu beauftragen. Häufig ist eine Backup- und Recovery-Strategie in eine IT-Sicherheitsstrategie integriert. Häufige Standards für Unternehmen sind Zertifizierungen nach Common Criteria (ISO/IEC 15408), COBT, ITIL und ISO (27000, 27001, 27005, 2700x). Unternehmen haben auch die Möglichkeit ihre Daten gegen Verlust versichern zu lassen, jedoch ist der Wert der Daten nur sehr schwierig zu ermitteln. Es besteht auch die Option professionelle Datenrettungsunternehmen zu beauftragen, verlorene Daten wiederherzustellen. Jedoch ist dies aufwändig und teuer und hat den Nachteil, dass nicht immer alle Daten wiederhergestellt werden können.

Zunächst müssen die Risiken identifiziert werden, für die eine Datensicherung erforderlich wird. Kiel (2013, S.10-11) beschreibt etwa drei Hauptkategorien der

Risiken, die für das Unternehmen teilweise bis existentiell bedrohliche Folgen für das Unternehmen haben können. Die erste Risikokategorie umfasst menschliches Fehlverhalten sowie Sabotageakte und externe Angriffe. Sehr häufig sind Vorfälle, wie vom Benutzer aus Versehen gelöschte Datensätze und Softwarebedienungsfehler. In die nächste Kategorie fallen technische Störungen verschiedenen Grades. Ebenfalls nicht zu vernachlässigen ist die letzte Risikokategorie. Dabei handelt es sich um höhere Gewalt durch Katastrophen oder Unfälle.

1.2 Zielsetzung

Ziel dieser Arbeit ist die Untersuchung und Messung des Komplexitätsgrades von Backup- und Recovery-Strategien jener Aktiengesellschaften, die in das österreichische Firmenbuch eingetragen sind. Es ergibt sich folgende Forschungsfrage:

- Wie gestalteten sich Backup- und Recovery-Strategien von Aktiengesellschaften, die in das österreichische Firmenbuch eingetragen sind?

Es nicht Ziel dieser Arbeit alle möglichen Technologien zur Datensicherung, Datenwiederherstellung und Datenrettung aufzuzeigen. Ebenfalls unbeachtet bleiben Sicherungs- und Wiederherstellungsstrategien für Privatpersonen.

Das Resultat dieser Arbeit könnte auch dazu verwendet werden Unternehmen ein wissenschaftliches Werk und einen Leitfaden für Backup- und Recovery-Strategien zu bieten. Unternehmen sollen mithilfe der Resultate bei der Strategieauswahl unterstützt werden. Diese Forschungsarbeit kann Unternehmen dienen, eine Backup- und Recovery-Strategie verschiedener Komplexität zu planen und umzusetzen.

2 Grundlagen

2.1 Backup- & Recovery-Strategien

Frisch (2003, S. 767) beschreibt etwa die Planung effizienter Backup-Strategien als einen fortwährenden Vorgang, die von ehemaligen Systemen erben können.

Eine beispielslose Backup-Strategie sollte immer ausnahmslos eine Recovery-Strategie einschließen. Backup-Strategien umfassen somit Wiederherstellungsstrategien. Eine Backup- & Recovery-Strategie ist auch Teil einer IT-Strategie oder IT-Sicherheitsstrategie und sollte integriert werden.

2.2 Backup vs. Archivierung

Bei der Datensicherung gilt es klar zu unterscheiden zwischen der konventionellen Datensicherung (Backup) und einer Archivierung von Daten. Die Datensicherung ist im Prinzip nichts anderes als im Fall der Fälle eines Datenverlustes die Möglichkeit zu haben die Daten wiederherstellen zu können. Die Archivierung hingegen hat sich zum Ziel gesetzt, einen bestimmten Status, zu einem bestimmten Zeitpunkt festzuhalten und zu archivieren (Barth, 2004, S. 23-24).

Die Archivierung kann auch als das Verwalten von nicht veränderlichen Dokumenten für die Wahrung von Aufbewahrungsfristen in Unternehmen bezeichnet werden.

Backups können eine Art Versicherung darstellen. Es handelt sich um eine Form der Repräsentativität der Aufwandzeit, um Datenverluste, die in der Zukunft liegen, zu vermeiden. Die Aufwandzeit des Backup-Plans muss mit Produktivitätsverlust und dem Termindruck verglichen werden. Jeder Backup-Plan sollte in jedem Fall fähig sein, das System oder Teilaspekte des Systems in einem adäquaten Zeitintervall wiederherstellen zu können. Zusätzlich sollte das Backup aber gleichzeitig komfortabel und einfach wiederherzustellen sein (Frisch, 2003, S. 767-768).

2.3 Arbeitshypothesen

Arbeitshypothesen sind Hypothesen, die als vorläufige Annahmen definiert werden. Der Sinn und Zweck einer Arbeitshypothese ist vorstellbare Grundannahmen einer noch aufzustellenden Theorie zu verifizieren (Vgl. Poincare, 2003, S. 152 - 154). Nach Atteslander (2010, S.22) sind Hypothesen Erklärungsversuche einer unerklärten Umwelt.

Es wurden folgende Arbeitshypothesen, die sowohl die wissenschaftliche Fragestellung als auch die Problemstellung der Arbeit in Zusammenhang bringen:

- Es gibt eine Abgrenzung zu Sicherung und Archivierung für eine Mehrheit der Unternehmen.

- Die Mehrheit der Unternehmen erstellt Backups wöchentlich.

- Mehr als 50% der Backups werden nicht verschlüsselt.

- Ein Großteil der befragten Unternehmen haben mehrere Standards und Zertifizierungen der Informationssicherheit

- Mehr als 90% der befragten Unternehmen habe keine vollständige Dokumentation über Datensicherung und Datenwiederherstellung.

- In den meisten Fällen wird die Lebensdauer von Speichermedien nicht in der Backup-Strategie berücksichtigt.

- Eine überwiegende Mehrheit der befragten Unternehmen hat ein zusätzliches Backup vom Backup.

- Über ein Drittel der Aktiengesellschaften bewahren die geschäftskritischen Daten ausgelagert auf.

- 80 Prozent der erhobenen Aktiengesellschaften überprüfen die Datensicherung auf Fehlerfreiheit und Wiederherstellbarkeit lediglich nach Erstellung des Backups.

- Kein einziges befragtes Unternehmen arbeitet ohne Automatisierung von Backup-Prozessen.

3 Vorgangsweise und Methoden

3.1 Vorgangsweise

Eine umfassende Lösung der in Kapitel 1.2 formulierten Forschungsfrage soll mit Hilfe einer quantitativen empirischen Analyse gewährleistet werden. Geplant ist eine quantitative empirische Analyse auf Basis einer Onlinebefragung mit einem standardisierten Fragebogen.

Quantitatives Forschungsdesign empfiehlt sich, aus folgenden Gründen für diese Bachelorarbeit:

- Genau verifizierbare Resultate sollen erlangt werden.
- Eine Ermittlung von statistischen Variablen soll ermöglicht werden.
- Untersuchung einer großen Stichprobe der Grundgesamtheit und repräsentative Ergebnisse müssen gewährleistet werden.

    (in Anlehnung an Markus Büter, 2003-2004, S.4-6)

Um die in Kapitel 1.2. genannte Forschungsfrage hinreichend beantworten zu können, wird eine Onlineerhebung unter Aktiengesellschaften, die im österreichischen Firmenbuch verzeichnet sind, durchgeführt.

Die Methodik der quantitativen Forschung und eine Begründung der Methode der quantitativen Analyse sind im Kapitel 3.2 zu finden.

3.2 Zur gewählten Methode: Online-Befragung

Eine Online-Befragung ist eine Befragungsmethode, in der der fertigstellte Fragebogen im Web-Browser für die Teilnehmer zur Verfügung steht (Pötschke, 2009, S.78). Nach Schnell, Hill und Esser (2011, S.369) erlangen Online-Befragungen zunehmende Bedeutung. Gründe dafür sind einerseits relativ geringen Kosten und andererseits eine relativ geringe Durchführungszeit.

Online-Fragebögen sollten ein einheitliches Layout haben. Ein weiteres Qualitätskriterium ist die Auswahl der richtigen Schriftgröße, damit einfache Leserlichkeit gewährleistet wird. Inhaltlich klar unterscheidende Abschnitte müssen klar getrennt werden. Eine Vorstellung der Untersuchung am Beginn des Online-Fragebogens ist auch unerlässlich. (vgl. Welker, Werner, Scholz, 2005, S. 89 ff).

Nach sorgfältiger Prüfung diverser Anbieter von Online-Befragungen, wurde das Onlineumfragetool von Google Docs ausgewählt (https://docs.google.com/). Dieses Tool bietet die Möglichkeit kostenlos professionelle Onlineumfragen mit Skalen, Multiple Choice und Freitext-Antworten zu gestalten. Ebenfalls inkludiert sind umfangreiche Auswertungsmöglichkeiten des Fragebogens. So besteht die Möglichkeit relative komplexe mathematische Funktionen und Balkendiagramme für die Auswertung des Fragenkataloges hinzuzufügen.

3.3 Auswahl der Grundgesamtheit und einer Stichprobe, die statistische Repräsentativität gewährleistet

Bol (2004, S. 9–15) beschreibt die Grundgesamtheit (Kollektiv) als eine Menge sämtlichen statistischen Gefüges, das kongruenten Identifikationskriterien unterliegt (sachlich, räumlich und zeitlich).

Die Zielgruppe bzw. Grundgesamtheit der Untersuchung sind alle Aktiengesellschaften, die im österreichischen Firmenbuch eingetragen sind.

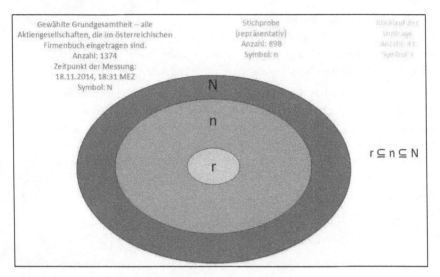

Abbildung 1: Mengendiagramm Grundgesamtheit, Stichprobe und Rücklauf

- Die Anzahl der Elemente der gewählten Grundgesamtheit beträgt 1374.
- Der Zeitpunkt für die Messung für die gewählte Grundgesamtheit ist der 18.November 2014 um 18:31 MEZ.
- Quelle für die Messung ist das österreichische Firmenbuch.

Eine Befragung der Grundgesamtheit aller Aktiengesellschaften, die im österreichischen Firmenbuch vermerkt sind, ist aus zeittechnischer Sicht nicht möglich und daher wird eine Stichprobe ausgewählt.

Die Stichprobe (Sample) bekommt an Bedeutung, wenn es durch Kosten- oder Zeitgründen nicht durchführbar ist, die vollständige Grundgesamtheit zu befragen. (Kromrey, 1995, S.190). Nach Atteslander (1991, S.313) ist bei der Bildung einer Stichprobe sehr wichtig, dass sich beispielsweise Mittelwerte der Variablen möglichst gering von der Grundgesamtheit unterscheiden.

Ein Schluss von der Stichprobe auf die Grundgesamtheit muss ohne grobe Verfälschungen möglich sein (Mayer, 2013, S.60). Rückschlüsse der Stichprobe auf die Grundgesamtheit sind nur genau dann erlaubt, wenn die Stichprobe ein minimiertes Abbild der Grundgesamtheit darstellt (Kromrey, 1995, S. 197).

Die Repräsentativität hat das Merkmal, die ausgewählte Grundgesamtheit mit der Stichprobe (Sample) ohne Verzerrungseffekte abzubilden. Eine Erhebung ist genau dann repräsentativ, wenn sie einerseits eine Zufallsstichprobe aufweist, andererseits bestimmte Aussagen über die gewählte Grundgesamtheit erlaubt sind. Es existieren vier Bedingungen bei der Form der Ziehung, damit von der Stichprobe auf die Grundgesamtheit geschlossen werden kann:

- Genaue Deklaration der Grundgesamtheit

- Physische und symbolische Präsenz der Grundgesamtheit mit Manipulationsfähigkeit

- Sämtliche Elemente dürfen nur ein einziges Mal in der Grundgesamtheit aufzufinden sein.

- Jedes einzelne Element muss die gleiche Auswahlchance haben, in die Stichprobe zu gelangen

(Ebermann, 2010).

Eine statistische Repräsentativität wird gewährleistet, indem die Stichprobe (Sample) repräsentativ für die gesamt gewählte Grundgesamtheit ist. (Mayer, 2013, S.60)

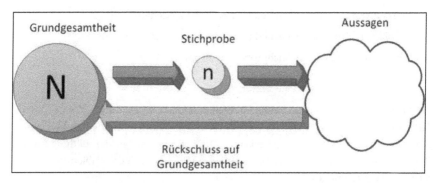

Abbildung 2: Grundgesamtheit und Stichprobe (In Anlehnung an Mayer, 2013, S. 60)

9

Die Auswahl der Stichprobe erfolgt mittels Random-Verfahren.

Zufallsauswahl oder Random-Verfahren ist ein konkretes Verfahren einer Stichprobe, in dem alle Elemente der Grundgesamtheit in einer Liste vorhanden sind und die Elemente der Stichprobe zufällig gezogen werden (Ebermann, 2010).

Die Liste der Grundgesamtheit steht in einem Textdokument und wurde mit Indexnummern versehen, um mit generierten Zufallszahlen Elemente zu ziehen.

Jedes Element der Grundgesamtheit muss die gleichen Chancen besitzen in die Liste der Stichprobe aufgenommen zu werden

Die Zufallszahlen für die Auswahl der Stichprobe wurden mit einem selbst geschriebenen bash-basierten Skript in einer Linux Distribution generiert:

#!/bin/bash

for ((i=1;i<=1374; i++)) do echo $RANDOM $i; done | sort –k1 | cut -d“ “-f2 | head - 898

Es wurden 898 Zufallszahlen produziert und mit den Indexnummern der Grundgesamtheit verglichen. Im weiteren Schritt wurden 898 Mailadressen zu den ausgewählten Unternehmen gesucht. Statistische Repräsentativität ist somit gewährleistet.

Den Abstand berechnet man in dem die Grundgesamtheit N durch die Stichprobengröße n dividiert (Vgl. Mayer, 2013, S.61-62). In diesem Fall ist Grundgesamtheit N 1374 und die Stichprobengröße n 898:

$$\frac{N}{n} = \frac{1374}{898} = 1{,}53 \text{ (auf 2 Nachkommastellen genau)}.$$

Die Stichprobengröße n ist nicht mit der Rücklaufquote der Erhebung zu verwechseln.

3.4 Von der Stichprobe zum Forschungsbericht

Da die Online-Erhebung mittels eines standardisierten Fragebogens erfolgt, wird folgende weitere Vorgehensweise hinzugezogen:

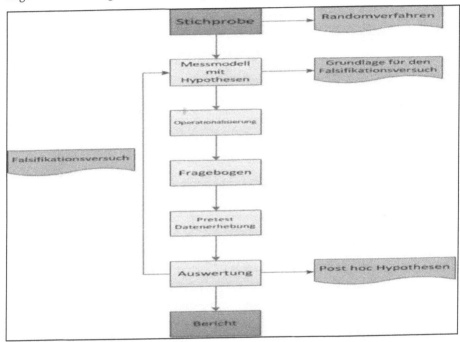

Abbildung 3: Von der Stichprobe zum Bericht (in Anlehnung an Mayer, 2013, S. 58)

- **Stichprobe**

Eine Ausführliche Beschreibung der Stichprobe ist im Kapitel 3.3 zu finden.

- **Hypothesen und Messmodell**

Die Festlegung der Arbeitshypothesen ist im Kapitel 2.3 zu finden. Das Messmodell ist in diesem Fall der Fragebogen selbst, da sich aufgrund der Auswertung alle

Hypothesen entweder falsifizieren oder verifizieren lassen. Nullhypothesen sind hierbei nicht erforderlich.

● **Operationalisierung**

Die Operationalisierung ist eine Abfolge, um Sachverhalte und Variablen direkt messbar zu machen (Englisch, et. al., o.D.). Der Zentralangelpunkt einer Operationalisierung ist das Begehren, theoretische Gebilde direkt messbar zu machen. Während der Operationalisierung gilt es außerdem die Frage zu stellen, welche Indikatoren benötigen werden, um Variablen eines Begriffes messbar zu machen (Halbmayer, 2010).

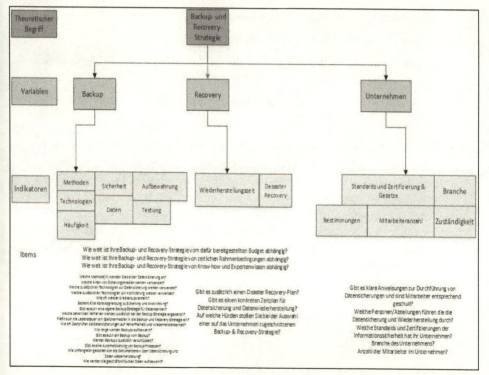

Abbildung 4: Operationalisierung des Begriffs „Backup- & Recovery-Strategie" (in Anlehnung an Mayer, 2013, S.79)

● **Fragebogen**

Bei der Formulierung der Fragestellungen haben keine ästhetischen Aspekte Priorität sondern Verständlichkeit (Mayer, 2013, S.91). Bei der Frageformulierung sollten u.a. folgende Punkte beachtet werden:

- Kurze und bündige Formulierung der Fragestellung.

- Augenmerk auf Verständlichkeit der Fragestellung.

- Suggestivfragen sind zu vermeiden.

- Konkrete und eindeutig Formulierung der Fragestellung.

- Unbekannte Sachverhalte müssen erläutert werden.

- Neutrale Formulierung der Fragestellung.

- Keine hypothetischen Fragestellungen.

- Keine doppelte Negation in der Fragestellung oder vorgegeben Antwortmöglichkeiten.

- Vermeidung von hohen Komplexitätsgraden bei der Formulierung

(Gräf, 2010, S.76-78).

Hinsichtlich der Antwortvorgaben wird zwischen offenen, halboffenen und geschlossenen Fragen unterschieden (vgl. Diekmann 2000, S. 408). In der offenen Fragestellung ist jede Beantwortung möglich, da keine Antwortvorgaben vorzufinden sind. Bei geschlossenen Fragen sind jedoch Antwortmöglichkeiten vorgegeben. Entweder man lässt nur eine Antwortmöglichkeit oder gleich mehrere zu. Wichtig hierbei sind die Überschaubarkeit und Erschöpfbarkeit der Antwortmöglichkeiten. Die halboffene Fragestellung ist eine Hybridform und vereint offene und geschlossene Fragestellung (Mayer, 2013, S. 91-93).

Bei der Online-Erhebung dieser Arbeit sind 6 verschiedene Formen vorzufinden:

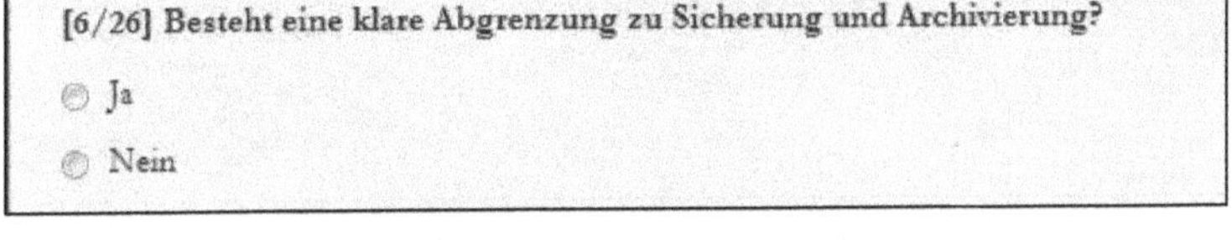

[6/26] Besteht eine klare Abgrenzung zu Sicherung und Archivierung?

◉ Ja

◉ Nein

Abbildung 5: geschlossene Fragestellung mit einer Antwortmöglichkeit

---

[8/26] Welche bekannten Verfahren werden zusätzlich bei der Backup-Strategie angewandt? (Mehrfachantwort möglich).

☐ First in, first out (FIFO)

☐ Großvater-Vater-Sohn(Generationenprinzip)

☐ Türme von Hanoi

Abbildung 6: geschlossene Fragestellung mit mehreren Antwortmöglichkeiten

---

[15/26] Wie weit ist Ihre Backup- und Recovery-Strategie vom dafür bereitgestellten Budget abhängig?

1   2   3   4   5

unabhängig ◌   ◌   ◌   ◌   ◌   sehr stark abhängig

Abbildung 7: geschlossene Fragestellung mit Skalenniveau mit einer Antwortmöglichkeit

---

[7/26] Gibt es auch eine eigene Backup-Strategie für Datenbanken?

◌ Ja und die Strategie ist Hot Backup.

◌ Ja und die Strategie ist Cold Backup.

◌ Wir verwenden keine Datenbanken, daher wird keine eigene Backup-Strategie für Datenbanken benötigt.

◌ Sonstiges: _____

Abbildung 8: halboffene Fragstellung mit einer Antwortmöglichkeit

---

[24/26] Welche Standards und Zertifizierungen der Informationssicherheit hat ihr Unternehmen? (Mehrfachantwort möglich).

☐ Zertifizierung nach Common Criteria (ISO/IEC 15408)

☐ COBIT

☐ ITIL

☐ ISO 27000

☐ ISO 27001

☐ ISO 27002 (vorher ISO 17799)

☐ ISO 27005

☐ Weitere Standards der ISO 2700x Reihe

☐ Sonstiges: _____

Abbildung 9: halboffene Fragestellung mit mehreren Antwortmöglichkeiten

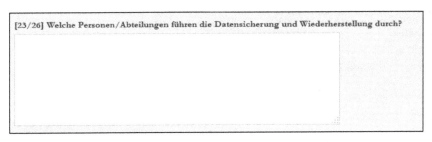

Abbildung 10: offene Fragestellung

Der Fragebogen sollte Gütekriterien erfüllen. Dazu zählen Gültigkeit (Validität), Zuverlässigkeit (Reliabilität) und Objektivität (Mayer, 2013, S.90). Schuhmann (1999, S.29) und Berekhoven, u.a. (1999, S.86) zu Folge liegt eine Objektivität vor, wenn die Messergebnisse unabhängig vom Forscher sind, der das Messinstrument anwendet. Je mehr Objektivität eine Untersuchung hat, desto weniger beeinflussen subjektive Meinungen des Forschers die befragten Personen (Durchführungsobjektivität). Die Objektivität der Untersuchung ist des Weiteren gegeben, wenn wenige Freiheitsgrade bei der Auswertung der Ergebnisse (Auswertungsobjektivität) und bei der Interpretation der Ergebnisse vorliegen (Interpretationsobjektivität). Generell gilt, je weniger Freiheitsgrade, desto objektiver ist die Erhebung.

Eine Zuverlässigkeit (Reliabilität) liegt vor, wenn bei Wiederholungen der Messung, unter exakt gleichen Bedingungen, das gleiche Messergebnis erzielt wird. Eine Befragung ist umso zuverlässiger, je eindeutiger und konkreter die Fragestellungen formuliert sind und je höher der Standardisierungsgrad der Untersuchung ist (Mayntz, Holm, Hübner, 1978, S.120).

Die Gültigkeit (Validität) hingegen ist eine Dimension der Brauchbarkeit von wissenschaftlichen Methoden. Die gewählte Forschungsmethode muss auch tatsächlich messen, was gemessen werden soll. Bei Befragungen geht es um eine korrekte Analyse und Vollständigkeit. Die Fragestellungen müssen gültige Indikatoren für die Dimension eines Begriffs aus der Theorie sein (vgl. Mayntz, Holm, Hübner, 1978, S.120 ff. sowie Diekmann, 2000, S. 223).

• Pretest und Datenerhebung

Der Online-Fragebogen sollte unbedingt einem Pretest aufgrund der Qualitätssicherung unterzogen werden. Geprüft werden u.a. die Verständlichkeit und Komplexität der Fragestellungen, die Vollständigkeit der vorgefertigten Antwortmöglichkeiten sowie eine Bedarfsermittlung der Dauer der Befragung. Die Teilnehmer am Pretest müssen den gesamten Online-Fragebogen kritisch beurteilen (vgl. Diekmann, 2000, S. 415f., Schnell u.a. 2011, S. 340 ff., sowie Atteslander, 1991, S. 339 f.). Im Zuge der vorliegenden Arbeit wurde ein umfangreicher Pretest mit 10 Testpersonen am 1.12.2014 durchgeführt.

Aufgrund der Vollständigkeit und Gewährleistung des Vorgehensmodelles aus Abbildung 3 auf S. 11, wird an dieser Stelle auf zwei weitere Bestandteile verwiesen: Die Auswertung befindet sich im 4. Kapitel „Ergebnisse der Online-Erhebung" ab S. 17 und der Bericht ist im 5. Kapitel mit der Benennung „Zusammenfassung" ab S. 35 dieser Bachelorarbeit auffindbar.

4   Ergebnisse der Online-Erhebung

4.1   Umfragebeteiligung

Die Online-Erhebung wurde im Zeitraum von 02.12.2014 bis 18.12.2014 durchgeführt. Es wurden 898 Unternehmen von der Zielgruppe zur Online-Umfrage per E-Mail eingeladen. Am 14.12. 2014 wurde ein Erinnerung für die Teilnahme an der Erhebung per E-Mail versendet. Von den 898 Unternehmen haben schlussendlich 41 geantwortet. Dies entspricht einer Rücklaufrate von 4,57 Prozent.

- Anzahl der Einladungen per E-Mail: 898

- Anzahl der Antworten (absolute Häufigkeit): 41

- Rücklaufquote (relative Häufigkeit): 4,57 %

- Feldzeit in Tagen: 17

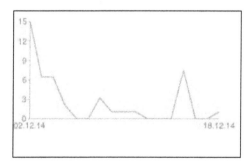

Abbildung 11: Teilnehmer nach Datum

Deutlich erkennbar ist der Anstieg am 14.12. nach Aussendung der Erinnerung für die Teilnahme.

Der Fragenkatalog wurde in vier Abschnitte unterteilt:

4.2 Fragenkatalog Abschnitt 1: Backup-(Strategie) & Archivierung

[1/26] Welche Methode(n) wenden Sie bei der Datensicherung an? (Mehrfachantwort möglich).

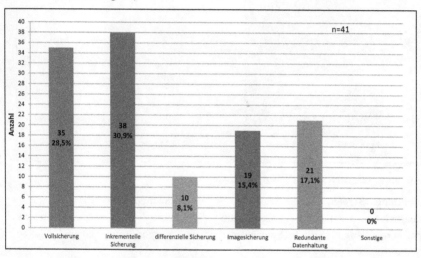

Abbildung 12: Methoden der Datensicherung

In folgender Abbildung wird verdeutlicht, welche Methoden bei der Datensicherung angewandt werden. 38 befragte Unternehmen der Zielgruppe verwenden eine inkrementelle Sicherung, 35 Vollsicherung, 21 redundante Datenhaltung, 19 Imagesicherung und 10 differenzielle Sicherung.

[2/26] Welche Arten von Sicherungsmedien werden verwendet? (Mehrfachantwort möglich).

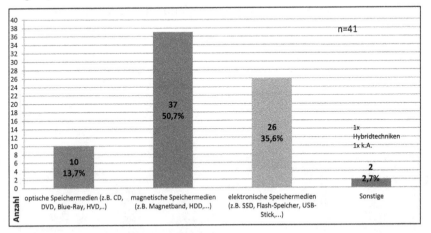

Abbildung 13: Arten von Sicherungsmedien

Abbildung 13 zeigt, welche Arten von Sicherungsmedien verwendet werden. 37 Unternehmen benutzen magnetische Speichermedien, 26 elektronische Speichermedien, 10 optische Speichermedien und 1 Hybridtechniken und 1 keine nähere Angabe.

[3/26] Welche zusätzlichen Technologien zur Datensicherung werden verwendet? (Mehrfachantwort möglich).

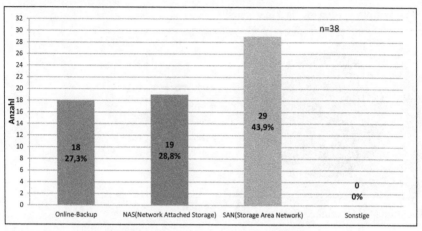

Abbildung 14: Einsatz zusätzlicher Technologien für Datensicherung

In Abbildung 14 wird demonstriert welche zusätzlichen Technologien bei der Datensicherung zum Einsatz kommen. 29 Angaben entfallen auf SAN, 28 auf NAS, 18 auf Online-Backup.

[4/26] Welche zusätzlichen Technologien zur Archivierung werden verwendet? (Mehrfachantwort möglich).

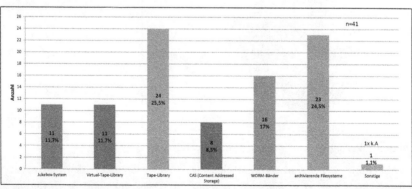

Abbildung 15: Einsatz zusätzlicher Technologien für Archivierung

Hingegen wird in Abbildung 15 gezeigt, welche zusätzlichen Technologien bei der Archivierung eingesetzt werden.

[5/26] Wie oft werden die Backups erstellt?

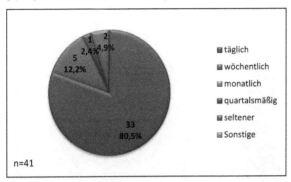

Abbildung 16: Häufigkeit Backup

Abbildung 16 zeigt deutlich, dass eine überwiegende Mehrheit der befragten Aktiengesellschaften Backups täglich erstellt. Weitere Angaben entfallen auf wöchentlich, quartalsmäßig und seltener.

[6/26] Besteht eine klare Abgrenzung zu Sicherung und Archivierung?

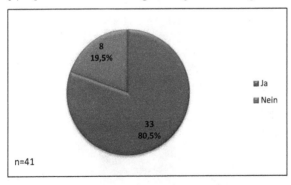

Abbildung 17: Abgrenzung Sicherung und Archivierung

In Abbildung 17 wird ersichtlich, dass ein Großteil der befragten Aktiengesellschaften eine klare Abgrenzung zu Sicherung und Archivierung vornimmt.

21

[7/26] Gibt es auch eine eigene Backup-Strategie für Datenbanken?

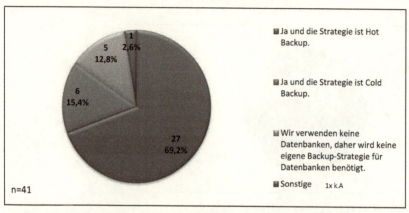

n=41

Abbildung 18: Backup-Strategie Datenbanken

Abbildung 18 offenbart, dass eine Mehrheit der befragten Unternehmen eine eigene Backup-Strategie für Datenbank hat und die Strategie meist Hot Backup lautet. Lediglich 5 Befragte geben an, keine Datenbanken zu verwenden.

[8/26] Welche bekannten Verfahren werden zusätzlich bei der Backup-Strategie angewandt? (Mehrfachantwort möglich)

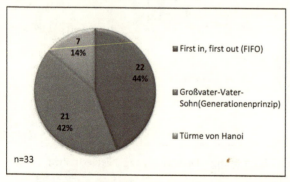

n=33

Abbildung 19: Bekannte Verfahren Backup-Strategie

Das Ergebnis in Abbildung 19 zeigt deutlich, welche bekannten Verfahren zusätzlich bei der Backup-Strategie angewandt werden. FIFO und das Generationenprinzip kommen hierbei häufiger zum Einsatz als Türme von Hanoi.

22

[9/26] Fließt auch die Lebensdauer von Speichermedien in die Backup- und Recovery-Strategie ein?

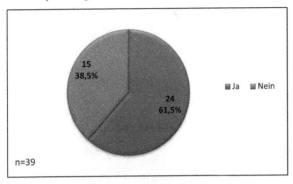

Abbildung 20: Lebensdauer von Speichermedien

Aus Abbildung 20 ist zu entnehmen, dass 24 von 39 Unternehmen die Lebensdauer von Speichermedien in die Backup- und Recovery-Strategie einkalkulieren.

[10/26] Wie oft überprüfen Sie Datensicherungen auf Fehlerfreiheit und Wiederherstellbarkeit?

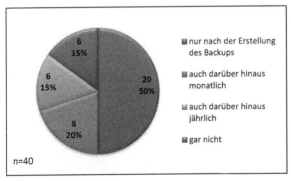

Abbildung 21: Häufigkeit Überprüfung Datensicherung Fehlerfreiheit und Wiederherstellung

Exakt die Hälfte der befragten Aktiengesellschaften überprüft Datensicherung auf Fehlerfreiheit und Wiederherstellbarkeit nur nach Erstellung des Backups. 8 Unternehmen überprüfen auch darüber hinaus monatlich, 6 Unternehmen darüber

23

hinaus jährlich und lediglich 6 Unternehmen prüfen Datensicherungen überhaupt nicht.

[11/26] Wie lange werden Backups aufbewahrt?

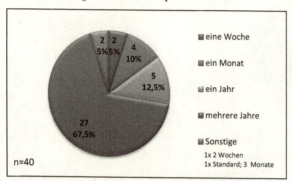

Abbildung 22: Aufbewahrungsdauer von Backups

27 Unternehmen bewahren die Backups mehrere Jahre auf, 5 ein Jahr, 4 ein Monat, 2 eine Woche, ein Unternehmen 2 Wochen und ein Unternehmen 3 Monate.

[12/26] Gibt es auch ein Backup vom Backup?

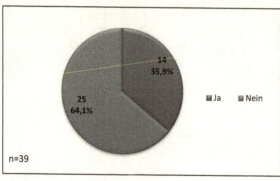

Abbildung 23: Backup vom Backup

In Abbildung 23 wird verdeutlicht, dass 25 der befragten Unternehmen kein Backup vom Backup haben.

[13/26] Werden Backups zusätzlich verschlüsselt?

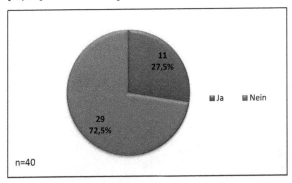

Abbildung 24: Verschlüsselung Backup

Abbildung 24 konkretisiert, dass 29 Unternehmen ihre Backups nicht zusätzlich verschlüsseln.

[14/26] Gibt es eine Automatisierung von Backup-Prozessen?

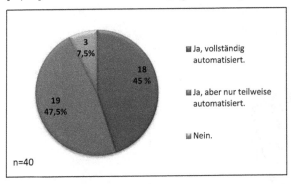

Abbildung 25: Automatisierung Backup-Prozesse

In Abbildung 25 wird gezeigt, ob eine Automatisierung von Backup-Prozessen vorliegt. Dies trifft für 18 Unternehmen vollständig, für 19 Unternehmen teilweise und für 3 Unternehmen nicht zu.

[15/26] Wie weit ist Ihre Backup- und Recovery-Strategie vom dafür bereitgestellten Budget abhängig?

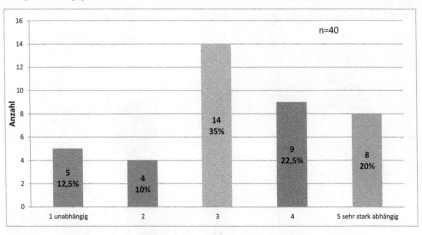

Abbildung 26: Budget-Abhängigkeit der Backup- und Recovery-Strategie

Inwieweit die Backup- und Recovery-Strategie vom dafür bereitgestellten Budget abhängig ist wird in Abbildung 26 gezeigt.

[16/26] Wie weit ist Ihre Backup- und Recovery-Strategie von zeitlichen Rahmenbedingungen abhängig?

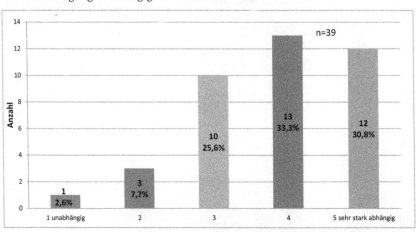

Abbildung 27: Zeit-Abhängigkeit der Backup- und Recovery-Strategie

Gegenüberstellendend zu Abbildung 26 wird in Abbildung 27 gezeigt, inwiefern die Backup- und Recovery-Strategie von zeitlichen Rahmenbedingungen abhängig ist.

[17/26] Wie weit ist Ihre Backup- und Recovery-Strategie von Know-how und Expertenwissen abhängig?

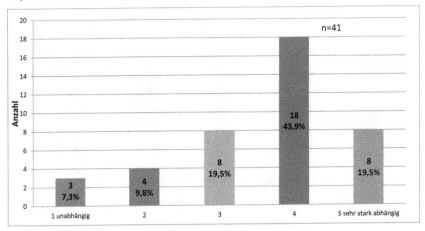

Abbildung 28: Know-how-Abhängigkeit der Backup- und Recovery-Strategie

In Abbildung 28 wird hingegen detailliert aufgelistet, inwieweit die Backup- und Recovery-Strategie von Know-how und Expertenwissen abhängig ist.

4.3 Fragenkatalog Abschnitt 2: Dokumentation & Aufbewahrung

[18/26] Wie umfangreich gestaltet sich die Dokumentation über Datensicherung und Datenwiederherstellung? (Mehrfachantwort möglich).

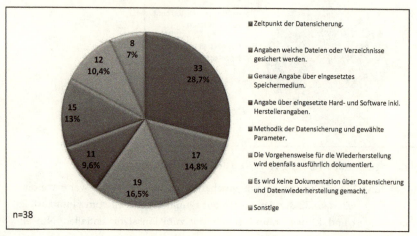

Abbildung 29: Umfang der Dokumentation

Zum Umfang der Dokumentation für die Datensicherung und Datenwiederherstellung kristallisiert sich in Abbildung 29 heraus, dass 8 Unternehmen überhaupt keine Dokumentation über Datensicherung und Datenwiederherstellung durchführt. Die Häufigste Angabe ist der Zeitpunkt der Datensicherung. Eine vollständige Dokumentation sämtlicher empfohlenen Punkte hat kein einziges Unternehmen.

[19/26] Wie werden die geschäftskritischen Daten aufbewahrt? (Mehrfachantwort möglich).

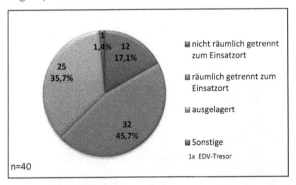

Abbildung 30: Aufbewahrung von geschäftskritischen Daten

In Abbildung 30 wird ersichtlich, wie geschäftskritische Daten aufbewahrt werden. Hierbei zeigt sich, dass 32 der Antworten auf räumlich getrennt zum Einsatzort, 25 auf ausgelagert und 12 nicht räumlich getrennt zum Einsatzort entfallen. Nur ein Unternehmen verwendet einen EDV-Tresor.

4.4 Fragenkatalog Abschnitt 3: Disaster Recovery, Hürden

[20/26] Gibt es zusätzlich einen Disaster Recovery-Plan?

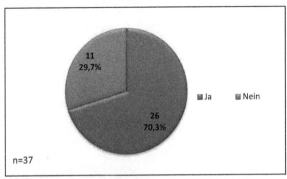

Abbildung 31: Disaster Recovery-Plan

29

Aus Abbildung 31 ist zu entnehmen, dass 26 der 37 Unternehmen zusätzlich einen Disaster Recovery-Plan haben.

[21/26] Auf welche Hürden stoßen Sie bei der Auswahl einer auf das Unternehmen zugeschnittenen Backup- & Recovery-Strategie?

Angenommen Ihr Unternehmen plant in naher Zukunft eine individuell zugeschnittene Backup- & Recovery-Strategie zu entwickeln, auf welche Hürden stoßen Sie bei der Planung Ihrer Meinung nach. (Mehrfachantwort möglich).

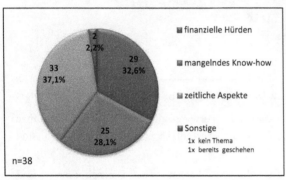

Abbildung 32: Hürden bei der Planung einer Backup- & Recovery-Strategie

Aus Abbildung 32 ist abzuleiten, mit welchen Hürden bei der Auswahl einer auf das Unternehmen zugeschnittenen Backup- & Recovery-Strategie zu rechnen ist. Finanzielle Hürden, mangelndes Know-how und zeitliche Aspekte sind dabei noch ausgewogen.

4.5 Fragenkatalog Abschnitt 4: Unternehmensspezifischer Abschnitt

Im letzten Abschnitt der Online-Umfrage wurden unternehmensspezifische Angaben abgefragt, die Rückschlusse auf Schulungen & Anweisungen, Durchführungen, Zuständigkeiten, Standards & Zertifizierungen, Branche und Anzahl der Mitarbeiter im Unternehmen zulassen sollen.

[22/26] Gibt es klare Anweisungen zur Durchführung von Datensicherungen und sind Mitarbeiter entsprechend geschult?

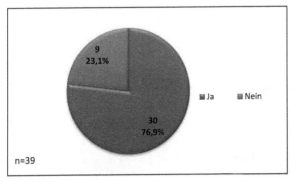

Abbildung 33: Anweisungen zur Durchführungen von Datensicherung & Schulung

In Abbildung 33 wird deutlich, dass eine überwiegende Mehrheit der Unternehmen klare Anweisungen zur Durchführungen von Datensicherungen haben und Mitarbeiter entsprechend geschult werden.

[23/26] Welche Personen/Abteilungen führen die Datensicherung und Wiederherstellung durch?

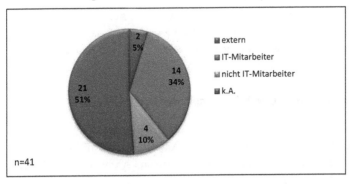

Abbildung 34: Zuständigkeit Durchführung Datensicherung und Wiederherstellung

Aus Abbildung 34 ist zu entnehmen, dass die Zuständigkeit für Datensicherung und Datenwiederherstellung sehr verschieden ist. Neben IT Mitarbeiter und Leitung

führen u.a. externe Mitarbeiter und nicht IT-Mitarbeiter die Datensicherung und – Wiederherstellung durch. Die häufigste Antwort hierbei ist keine Angabe.

[24/26] Welche Standards und Zertifizierungen der Informationssicherheit hat ihr Unternehmen? (Mehrfachantwort möglich).

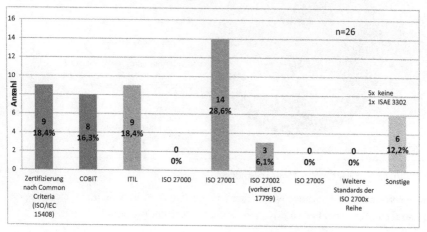

Abbildung 35: Standards und Zertifizierungen der Informationssicherheit

In Abbildung 35 des Fragebogens wird gezeigt, welche Standards und Zertifizierungen der Informationssicherheit Unternehmen haben. Dabei ist ISO 27001 der am meisten verwendete Standard der Informationssicherheit. Weitere Angaben entfallen auf IEC 15408, Cobit, ITIL, ISO 27002 und ISAE 3302. Lediglich 5 Unternehmen geben an überhaupt keine Standards und Zertifizierungen der Informationssicherheit zu verwenden.

[25/26] Branche des Unternehmens? (Mehrfachantwort möglich).

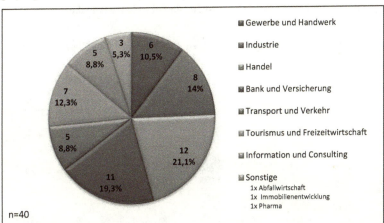

Abbildung 36: Branche des Unternehmens

In der vorletzten Abbildung wird illustriert, aus welchen Branchen die Zielgruppe kommt. Häufige Angaben sind Handel, Bank & Versicherung oder Industrie.

[26/26] Anzahl der Mitarbeiter im Unternehmen?

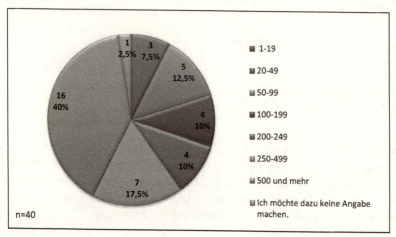

Abbildung 37: Anzahl der Mitarbeiter im Unternehmen

In der letzten Abbildung wird schließlich gezeigt, wie viele Mitarbeiter die befragten Aktiengesellschaften haben. Mit Abstand die häufigste Angabe ist 500 und mehr.

5   Zusammenfassung

5.1   Verifikation der Arbeitshypothesen

In diesem Abschnitt werden die in Kapitel 2.3 ermittelten Arbeitshypothesen analysiert. Die Arbeitshypothesen wurden vollständig vor der Online-Erhebung aufgestellt.

In der ersten genannten Hypothese wurde angenommen, dass es eine Abgrenzung zu Sicherung und Archivierung für eine Mehrheit der Unternehmen gibt. Diese Arbeitshypothese kann verifiziert werden, da eine überwiegende Mehrheit der befragten Aktiengesellschaften eine klare Abgrenzung zu Sicherung und Archivierung hat. Von 41 Befragten haben 33 eine solche Abgrenzung.

Zur Häufigkeit von Backups wurde in der zweiten aufgestellten Hypothese angenommen, dass die Mehrheit der Unternehmen Backups wöchentlich erstellt. Diese Hypothese muss falsifiziert werden, da von 41 Befragten 33 täglich und nur 5 wöchentlich Backups erstellen – dies entspricht 12,2 %.

Des Weiteren wurde in einer Arbeitshypothese angenommen, dass mehr als 50% der Backups nicht verschlüsselt werden. Diese Arbeitshypothese kann verifiziert werden, da 72,5 % der Unternehmen keine Verschlüsselung an Backups vornehmen.

Eine weitere Arbeitshypothese nimmt an, dass ein Großteil der befragten Unternehmen mehrere Standards und Zertifizierungen der Informationssicherheit haben. Hierbei muss eine Falsifikation der Hypothese eingebracht werden, da von den 26 befragten Unternehmen, nur 5 Unternehmen mehrere Standards und Zertifizierungen der Informationssicherheit haben.

In der nächsten These wurde angenommen, dass mehr als 90 % der befragten Unternehmen keine vollständige Dokumentation über Datensicherung und

Datenwiederherstellung haben. Auch diese Arbeitshypothese kann bestätigt werden, da es kein einziges Unternehmen gibt, das alle empfohlenen Punkte über die Dokumentation der Datensicherung und Datenwiederherstellung durchführt bzw. im Fragebogen angekreuzt hat.

Die Arbeitshypothese, dass in den meisten Fällen die Lebensdauer von Speichermedien nicht in der Backup-Strategie berücksichtigt wird, kann falsifiziert werden, da es für 61,5 % zutrifft.

Darüber hinaus wurde in einer weiteren Hypothese angenommen, dass eine überwiegende Mehrheit der befragten Unternehmen ein zusätzliches Backup vom Backup hat. Auch diese Hypothese muss falsifiziert werden, da 64,1 % der Unternehmen kein Backup vom Backup haben.

Ferner wurde in eine Arbeitshypothese angenommen, dass über ein Drittel der Aktiengesellschaften die geschäftskritischen Daten ausgelagert aufbewahren und kann somit verifiziert werden, da 35,7 % der Unternehmen ausgelagert geschäftskritische Daten lagern.

In der nächsten These wurde angenommen, dass 80 Prozent der erhobenen Aktiengesellschaften die Datensicherung auf Fehlerfreiheit und Wiederherstellbarkeit lediglich nach Erstellung des Backups überprüfen. Diese Arbeitshypothese ist falsch und muss somit falsifiziert werden, da dies nur für exakt 50 % der befragten Unternehmen der Fall ist.

In der letzten aufgestellten Arbeitshypothese wurde angenommen, dass kein einziges befragtes Unternehmen ohne Automatisierung von Backup-Prozessen arbeitet. Auch diese Hypothese kann nicht bestätigt werden und wird somit falsifiziert, da drei Unternehmen ohne Automatisierung oder Halbautomatisierung von Backup-Prozessen arbeiten, dies entspricht 7,5 %.

5.2 Beantwortung der wissenschaftlichen Fragestellung

Die wissenschaftliche Fragestellung lautete, wie sich Backup- und Recovery-Strategien von Aktiengesellschaften, die in das österreichische Firmenbuch eingetragen sind, gestalteten. Die Ergebnisse der Online-Erhebung machen deutlich, dass sich Backup- und Recovery-Strategien von Aktiengesellschaften, die im österreichischen Firmenbuch vermerkt sind, sehr unterschiedlich gestalten:

Die am häufigsten verwendeten Methoden bei der Datensicherung sind entweder Vollsicherung oder inkrementelle Sicherung. Weitere Angaben sind redundante Datenhaltung und Imagesicherung. Das Schlusslicht bildet die differenzielle Sicherung.

Magnetische Speichermedien, wie z.b. Magnetband oder HDD oder elektronische Speichermedien, wie z.b. SSD, Flash-Speicher oder USB-Stick kommen überwiegend zum Einsatz. Hingegen sind optische Speichermedien, wie z.b. CD, DVD, Blue-Ray oder HVD weit abgeschlagen.

Bei zusätzlichen Technologien zur Datensicherung bildet die Spitze der Einsatz von Storage Area Networks. Des Weiteren werden auch entweder Network Attached Storages oder Online-Backups als Technologien bei der Datensicherung angewandt.

Hingegen bei den zusätzlichen Technologien zur Archivierung kommen am häufigsten archivierende Filesysteme oder Tape-Libraries zum Einsatz. Weitere angewandte Technologien bei der Archivierung sind Jukebox-Systeme, Virtual-Tape-Libraries, Content Addressed Storage oder WORM-Bänder.

Ein Großteil der befragten Aktiengesellschaften erstellt Backups täglich. Weitere Angaben entfallen auf wöchentlich, quartalsmäßig oder seltener.

Eine klare Abgrenzung zu Sicherung und Archivierung nimmt ein überwiegender Anteil der Zielgruppe vor.

Mehr als drei Viertel der Aktiengesellschaften verwenden Datenbanken. Die häufigste Backup-Strategie ist hierbei Hot Backup. Cold Backup kommt selten zur Verwendung.

Bekannte Verfahren die bei Backup-Strategien häufig integriert werden sind das Generationenprinzip oder First in, first out. Das Türme von Hanoi-Verfahren wird seltener integriert.

Die Lebensdauer von Speichermedien fließt in die Mehrheit der Backup- und Recovery-Strategie ein.

Genau die Hälfe der befragten Aktiengesellschaften überprüft Datensicherung auf Fehlerfreiheit und Wiederherstellbarkeit nur nach Erstellung des Backups. 20 % der Unternehmen überprüfen auch darüber hinaus monatlich, 15 % auch darüber hinaus jährlich und 15 % der Aktiengesellschaften führen überhaupt keine Überprüfung durch.

67,5 % der befragten Unternehmen bewahren Backups mehrere Jahre auf. Weitere Angaben entfallen auf ein Jahr, drei Monate, ein Monat, zwei oder eine Woche.

Eine überwiegende Mehrheit jener befragten Aktiengesellschaften hat kein zusätzliches Backup vom Backup und verschlüsselt Backups nicht.

Beinahe alle Unternehmen haben Backup-Prozesse entweder vollständig oder teilweise automatisiert.

Die Backup- und Recovery-Strategie ist vom dafür bereitgestellten Budget meist weder abhängig noch abhängig. Lediglich 12,5 % gaben unabhängig an und 20 % der AGs sind der Auffassung eine sehr starke Abhängigkeit zu haben. Jedoch ist eine stärkere Abhängigkeit bei zeitlichen Rahmenbedingungen und bei Know-how und Expertenwissen zu verzeichnen.

Bei der Dokumentation über Datensicherung und Datenwiederherstellung wird am häufigsten der Zeitpunkt der Datensicherungen mit 28,7 % angegeben. Lediglich 7 % führen überhaupt keine Dokumentation durch.

Die geschäftskritischen Daten werden am häufigsten mit 45,7 % räumlich getrennt zum Einsatzort oder ausgelagert aufbewahrt. 35,7% der Angaben entfällt auf ausgelagert, 17,1 % nicht räumlich getrennt zum Einsatzort und 1,4 % auf Sonstige mit Angabe EDV-Tresor.

70, 3 % der Aktiengesellschaften haben zusätzlich einen Diaster Recovery-Plan.

Bei der Annahme, auf welche Hürden bei der Auswahl einer auf das Unternehmen zugeschnittenen Backup- & Recovery-Strategie stoßen sind finanzielle Hürden, mangelndes Know-how und zeitliche Aspekte relativ ausgeglichen.

In den meisten Aktiengesellschaften gibt es klare Anweisungen zur Durchführung von Datensicherungen und Mitarbeiter sind entsprechend geschult.

Die Zuständigkeit für Datensicherung und Datenwiederherstellung haben entweder IT Mitarbeiter, nicht IT-Mitarbeiter oder externe Mitarbeiter.

Am häufigsten wird der Standard der Informationssicherheit ISO 270001 mit 28,6 % verwendet. Weitere verwendete Standards oder Zertifizierungen der Informationssicherheit sind ISO/IEC 15408, Cobit, ITIL, Iso 27002 und ISAE 3302. Hingegen geben 5 Unternehmen an, überhaupt keine Standards und Zertifizierungen der Informationssicherheit zu verwenden.

Die Branche des Unternehmens sind am häufigsten Bank und Versicherung mit 19,3 %, Handel mit 21,1 % und Industrie mit 14 %. Weitere häufige Angaben sind Gewerbe und Handwerk, Tourismus und Freizeitwirtschaft, Transport und Verkehr, Gewerbe und Handwerk und Information und Consulting.

40 % der Zielgruppe haben 500 und mehr Mitarbeiter im Unternehmen. 17,5 % zwischen 250 und 499, je 10 % entfallen auf 200 bis 249 und 100-199, 12,5 % zwischen 50 und 99 und 7,5 % zwischen 20 und 49.

6 Verzeichnisse

6.1 Literaturverzeichnis

[1] Atteslander, Peter (1991). Methoden der empirischen Sozialforschung, Sammlung Göschen (6. Auflage). Berlin/New York: de Gruyter.

[2] Atteslander, Peter (2010). Methoden der empirischen Sozialforschung (13. Auflage). Berlin: Schmidt Verlag Gmbh & Co.KG.

[3] Barth, Wolfgang (2004). Datensicherung unter Linux (1. Auflage). Munchen: Source Press GmbH.

[4] Berekhoven, L. Eckert, W., Ellenrieder, P. (1999). Marktforschung (8. Auflage). Wiesbaden: Gabler Verlag.

[5] Bol, Georg (2004). Deskriptive Statistik. lehr- und Arbeitsbuch (6. Auflage). München: Oldenbourg.

[6] Büter, Markus (2003-2004). Studienarbeit. Quantitative und qualitative Forschung nach Uwe Flick mit Bezug auf Kurt Kohl(1. Auflage). Grin Verlag.

[7] Diekmann, Andreas (2000). Empirische Sozialforschung - Grundlagen, Methoden, Anwendung. Reinbek.

[8] Ebermann, Erwin (18.06.2010). Grundlagen statistischer Auswertungsverfahren, 2.1.4 Repräsentativität. Abgerufen von http://www.univie.ac.at/ksa/elearning/cp/quantitative/quantitative-24.html Abgerufen am Montag, 10. November 2014, 6:31, MEZ.

[9] Ebermann, Erwin (18.06.2010). Grundlagen statistischer Auswertungsverfahren, 2.1.3.2 Zufallsstichproben. Abgerufen von http://www.univie.ac.at/ksa/elearning/cp/quantitative/quantitative-18.html Abgerufen am Montag, 10. November 2014, 7:44, MEZ.

[10] Englisch, M., et. al. (o.D.). Technische Universität Dresden, Versuchspläne, Operationalisierung. Abgerufen von http://elearning.tu-dresden.de/versuchsplanung/e35/e287/e673/ Abgerufen am Sonntag, 16. November 2014, 16:47, MEZ.

[11] Frisch, Æleen (2003). Unix System-Administration (2. Auflage). Köln: O´Reilly Verlag.

[12] Gräf, Lorenz (2010). Online-Befragung – Sozialwissenschaftliche Methoden Band 3 (1. Auflage). Münster: Lit Verlag.

[13] Halbmayer, Ernst (18.06.2010). Operationale Definition. Operationalisierung Abgerufen von
http://www.univie.ac.at/ksa/elearning/cp/ksamethoden/ksamethoden-43.html
Abgerufen am Montag, 17. November 2014, 20:07, MEZ.

[14] Kiel, Oliver (2013). Datensicherung mit Backup Exec – Ein Praxishandbuch (2. Auflage). Deutschland: Printed by Amazon Distribution GmbH.

[15] Kromrey, Helmut (1995). Empirische Sozialforschung. Modelle und Methoden der Datenerhebung und Datenauswertung (7. Auflage). Opladen: Leske + Budrich.

[16] Mayer, Otto, Horst (2013). Interview und schriftliche Befragung, Grundlagen und Methoden empirischer Sozialforschung (6. Auflage). München: Oldenbourg.

[17] Mayntz, R. Holm, K, Hübner, P. (1978). Einführung in die Methoden der empirischen Soziologie (5. Auflage). Opladen.

[18] Poincare, Henri (2003). Wissenschaft und Hypothese (unveränderte Neuauflage der 4. Auflage 1928). Berlin: Xenomoi Verlag.

[19] Pötschke, Manuela (2009). Potentiale der Online-Befragungen. Erfahrungen aus der Hochschulforschung (1. Auflage). Wiesbaden: VS Verlag für Sozialwissenschaften.

[20] Schnell Rainer, Hill Paul B., Elke Esser (2011). Methoden der empirischen Sozialforschung (9. Auflage). München: Oldenburg.

[21] Schuhmann, S. (1999). Repräsentative Umfrage (2. Auflage). München/Wien: Oldenburg.

[22] Welker, M., Werner, A., Scholz, J. (2005). Online-Research. Markt- und Sozialforschung im Internet (1. Auflage). Heidelberg: dpunkt.verlag.

6.2 Abbildungsverzeichnis

7 Anhang

Anhang A:

Das Schreiben der Einladung zur Online-Erhebung.

Sehr geehrte Damen und Herren,

im Zuge meiner Bachelorarbeit an der FH Burgenland führe ich eine Onlineerhebung von Aktiengesellschaften, die im österreichischen Firmenbuch vermerkt sind, durch.
Ziel der Erhebung ist es festzustellen, wie sich **IT Backup- und Recovery-Strategien** in österreichischen Aktiengesellschaften gestalten und wie hoch deren Komplexitätsgrad ist.

Ich bitte Sie diese Mail an die IT-Abteilung bzw. zuständige Abteilung für Backup & Recovery weiterzuleiten.
Der Link für die Umfrage:
https://docs.google.com/forms/d/1z3plzoQW88AFrp871ru2RRzpBMeuGPGpoE2dvfi92yY/viewform

Die Umfrage wird ca. 4-7 Minuten in Anspruch nehmen.
Ihre persönlichen Daten werden nicht gespeichert, die Umfrage ist völlig anonym.

Wie profitiert Ihr Unternehmen von dieser Erhebung?
Zugang zu einem hochwertigen wissenschaftlichen Werk und Leitfaden für IT Backup- und Recovery-Strategien.
Unterstützung bei der Auswahl einer individuell zugeschnittenen IT Backup- und Recovery-Strategie.
Vergleichsmöglichkeiten mit anderen Teilnehmern und Vergleichsmessung des Komplexitätsgrades der IT Backup- und Recovery-Strategie.

Vielen Dank für Ihre Unterstützung.

Mit besten Grüßen

Lucas Dinhof
Student Bachelorstudienstudiengang IT Infrastruktur-Management
FH Burgenland in Eisenstadt
Ich möchte nochmal ausdrücklich darauf hinweisen, dass es sich um eine wissenschaftliche Erhebung handelt und keine Spam- und Werbezwecke(insbesondere für google docs) verfolgt werden.

Feedbackmeldungen und Anregungen gerne per Mail an:

Die Anleitung des Fragebogens.

Erhebung Backup- und Recovery-Strategien von Aktiengesellschaften, die im österreichischen Firmenbuch vermerkt sind.

Liebe Teilnehmerin, lieber Teilnehmer!

Im Zuge meiner Bachelorarbeit an der FH Burgenland führe ich eine Onlineerhebung von Aktiengesellschaften, die im österreichischen Firmenbuch vermerkt sind, durch.

Ziel der Erhebung ist es festzustellen, wie sich IT Backup- und Recovery-Strategien in österreichischen Aktiengesellschaften gestalten und wie hoch deren Komplexitätsgrad ist.

Die Umfrage wird ca. 4-7 Minuten in Anspruch nehmen.

Ihre persönlichen Daten werden nicht gespeichert, die Umfrage ist völlig anonym.

Wie profitiert Ihr Unternehmen von dieser Erhebung?

Zugang zu einem hochwertigen wissenschaftlichen Werk und Leitfaden für IT Backup- und Recovery-Strategien.

Unterstützung bei der Auswahl einer individuell zugeschnittenen IT Backup- und Recovery-Strategie.

Vergleichsmöglichkeiten mit anderen Teilnehmern und Vergleichsmessung des Komplexitätsgrades der IT Backup- und Recovery-Strategie.

Vielen Dank für Ihre Unterstützung.

Mit besten Grüßen

Lucas Dinhof

Student Bachelorstudienstudiengang IT Infrastruktur-Management

FH Burgenland in Eisenstadt

Ich möchte nochmal ausdrücklich darauf hinweisen, dass es sich um eine wissenschaftliche Erhebung handelt und keine Spam- und Werbezwecke(insbesondere für google docs) verfolgt werden.

Feedbackmeldungen und Anregungen gerne per Mail an:

Anhang B:

Der vollständige Fragebogen.

#	Fragestellung	Antworten	Art der Fragestellung und Antwort
[1/26]	Welche Methode(n) wenden Sie bei der Datensicherung an?	• Vollsicherung • inkrementelle Sicherung • differenzielle Sicherung • Imagesicherung • Redundante Datenhaltung • Sonstiges._____	halboffene Fragestellung mit mehreren Antwortmöglich keiten
[2/26]	Welche Arten von Sicherungsmedien werden verwendet?	• optische Speichermedien (z.B. CD, DVD, Blue-Ray, HVD,..) • magnetische Speichermedien (z.B. Magnetband, HDD,...) • elektronische Speichermedien (z.B. SSD, Flash-Speicher, USB-Stick,...) • Sonstiges._____	halboffene Fragestellung mit mehreren Antwortmöglich keiten
[3/26]	Welche zusätzlichen Technologien zur Datensicherung werden verwendet?	• Online-Backup • NAS(Network Attached Storage) • SAN(Storage Area	halboffene Fragestellung mit mehreren Antwortmöglich

		Network) • Sonstiges._____	keiten
[4/26]	Welche zusätzlichen Technologien zur Archivierung werden verwendet?	• Jukebox-System • Virtual-Tape-Library • Tape-Library • CAS (Content Addressed Storage) • WORM-Bänder • archivierende Filesysteme • Sonstiges._____	halboffene Fragestellung mit mehreren Antwortmöglichkeiten
[5/26]	Wie oft werden die Backups erstellt?	• täglich • wöchentlich • monatlich • quartalsmäßig • seltener • Sonstiges._____	halboffene Fragstellung mit einer Antwortmöglichkeit
[6/26]	Besteht eine klare Abgrenzung zu Sicherung und Archivierung?	• Ja • Nein	geschlossene Fragestellung mit einer Antwortmöglichkeit
[7/26]	Gibt es auch eine eigene Backup-Strategie für Datenbanken?	• Ja und die Strategie ist Hot Backup. • Ja und die Strategie ist Cold Backup. • Wir verwenden keine Datenbanken, daher	halboffene Fragestellung mit einer Antwortmöglichkeit

		wird keine eigene Backup-Strategie für Datenbanken benötigt. • Sonstiges._____	
[8/26]	Welche bekannten Verfahren werden zusätzlich bei der Backup-Strategie angewandt?	• First in, first out (FIFO) • Großvater-Vater-Sohn(Generationenprinzip) • Türme von Hanoi	geschlossene Fragestellung mit mehreren Antwortmöglichkeiten
[9/26]	Fließt auch die Lebensdauer von Speichermedien in die Backup- und Recovery-Strategie ein?	• Ja • Nein	geschlossene Fragestellung mit einer Antwortmöglichkeit
[10/26]	Wie oft überprüfen Sie Datensicherungen auf Fehlerfreiheit und Wiederherstellbarkeit?	• nur nach der Erstellung des Backups • auch darüber hinaus monatlich • auch darüber hinaus jährlich • gar nicht	geschlossene Fragestellung mit einer Antwortmöglichkeit
[11/26]	Wie lange werden Backups aufbewahrt?	• Eine Woche • Ein Monat • Ein Jahr • Mehrere Jahre • Sonstiges._____	halboffene Fragstellung mit einer Antwortmöglichkeit
[12/26]	Gibt es auch ein	• Ja	geschlossene

	Backup vom Backup?	• Nein	Fragestellung mit einer Antwortmöglich keit
[13/26]	Werden Backups zusätzlich verschlüsselt?	• Ja • Nein	geschlossene Fragestellung mit einer Antwortmöglich keit
[14/26]	Gibt es eine Automatisierung von Backup-Prozessen?	• Ja, vollständig automatisiert. • Ja, aber nur teilweise automatisiert. • Nein.	geschlossene Fragestellung mit einer Antwortmöglich keit
[15/26]	Wie weit ist Ihre Backup- und Recovery-Strategie vom dafür bereitgestellten Budget abhängig?	1 2 3 4 5 unabhängig ○ ○ ○ ○ ○ sehr stark abhängig	geschlossene Fragestellung mit Skalenniveau mit einer Antwortmöglich keit
[16/26]	Wie weit ist Ihre Backup- und Recovery-Strategie von zeitlichen Rahmenbedingungen abhängig?	1 2 3 4 5 unabhängig ○ ○ ○ ○ ○ sehr stark abhängig	geschlossene Fragestellung mit Skalenniveau mit einer Antwortmöglich keit
[17/26]	Wie weit ist Ihre Backup- und Recovery-Strategie von Know-how und Expertenwissen abhängig?	1 2 3 4 5 unabhängig ○ ○ ○ ○ ○ sehr stark abhängig	geschlossene Fragestellung mit Skalenniveau mit einer Antwortmöglich keit

| [18/26] | Wie umfangreich gestaltet sich die Dokumentation über Datensicherung und Datenwiederherstellung? | • Zeitpunkt der Datensicherung.

 • Angaben welche Dateien oder Verzeichnisse gesichert werden.

 • Genaue Angabe über eingesetztes Speichermedium.

 • Angabe über eingesetzte Hard- und Software inkl. Herstellerangaben.

 • Methodik der Datensicherung und gewählte Parameter.

 • Die Vorgehensweise für die Wiederherstellung wird ebenfalls ausführlich dokumentiert.

 • Es wird keine Dokumentation über Datensicherung und Datenwiederherstellung gemacht

 • Sonstiges._____ | halboffene Fragestellung mit mehreren Antwortmöglichkeiten |
| [19/26] | Wie werden die geschäftskritischen Daten aufbewahrt? | • nicht räumlich getrennt zum Einsatzort

 • räumlich getrennt zum | halboffene Fragestellung mit mehreren Antwortmöglich |

		Einsatzort • ausgelagert • Sonstiges._____	keiten
[20/26]	Gibt es zusätzlich einen Disaster Recovery-Plan?	• Ja • Nein	geschlossene Fragestellung mit einer Antwortmöglich keit
[21/26]	Auf welche Hürden stoßen Sie bei der Auswahl einer auf das Unternehmen zugeschnittenen Backup- & Recovery-Strategie?	• finanzielle Hürden • mangelndes Know-how • zeitliche Aspekte • Sonstiges._____	halboffene Fragestellung mit mehreren Antwortmöglich keiten
[22/26]	Gibt es klare Anweisungen zur Durchführung von Datensicherungen und sind Mitarbeiter entsprechend geschult?	• Ja • Nein	geschlossene Fragestellung mit einer Antwortmöglich keit
[23/26]	Welche Personen/Abteilungen führen die Datensicherung und Wiederherstellung durch?	• Freie Texteingabe._____	offene Fragestellung
[24/26]	Welche Standards und Zertifizierungen der Informationssicherheit hat ihr Unternehmen?	• Zertifizierung nach Common Criteria (ISO/IEC 15408) • COBIT	halboffene Fragestellung mit mehreren Antwortmöglich

		• ITIL • ISO 27000 • ISO 27001 • ISO 27002 (vorher ISO 17799) • ISO 27005 • Weitere Standards der ISO 2700x Reihe • Sonstiges._____	keiten
[25/26]	Branche des Unternehmens?	• Gewerbe und Handwerk • Industrie • Handel • Bank und Versicherung • Transport und Verkehr • Tourismus und Freizeitwirtschaft • Information und Consulting • Sonstiges._____	halboffene Fragestellung mit mehreren Antwortmöglich keiten
[26/26]	Anzahl der Mitarbeiter im Unternehmen?	• 1-19 • 20-49 • 50-99 • 100-199 • 200-249	geschlossene Fragestellung mit einer Antwortmöglich keit

		• 250-499 • 500 und mehr • Ich möchte dazu keine Angabe machen.	

Anhang C:

Internetquellen (Gewährleistung der Verfügbarkeit):

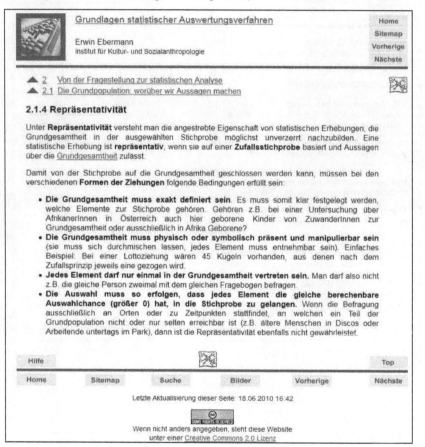

[8] Ebermann, Erwin (18.06.2010). Grundlagen statistischer Auswertungsverfahren, 2.1.4 Repräsentativität. Abgerufen von

http://www.univie.ac.at/ksa/elearning/cp/quantitative/quantitative-24.html

Abgerufen am Montag, 10. November 2014, 6:31, MEZ.

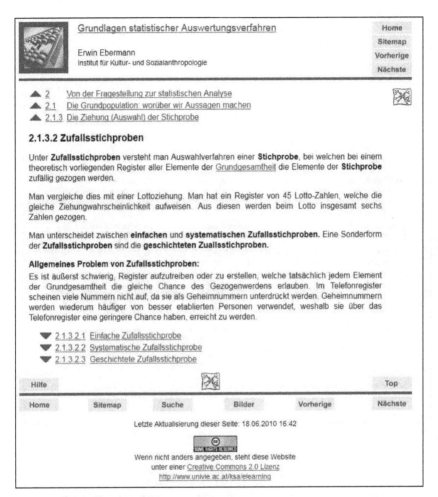

Grundlagen statistischer Auswertungsverfahren

Home
Sitemap
Vorherige
Nächste

Erwin Ebermann
Institut für Kultur- und Sozialanthropologie

▲ 2   Von der Fragestellung zur statistischen Analyse
▲ 2.1   Die Grundpopulation: worüber wir Aussagen machen
▲ 2.1.3 Die Ziehung (Auswahl) der Stichprobe

2.1.3.2 Zufallsstichproben

Unter **Zufallsstichproben** versteht man Auswahlverfahren einer **Stichprobe**, bei welchen bei einem theoretisch vorliegenden Register aller Elemente der Grundgesamtheit die Elemente der **Stichprobe** zufällig gezogen werden.

Man vergleiche dies mit einer Lottoziehung. Man hat ein Register von 45 Lotto-Zahlen, welche die gleiche Ziehungwahrschlichkeit aufweisen. Aus diesen werden beim Lotto insgesamt sechs Zahlen gezogen.

Man unterscheidet zwischen **einfachen** und **systematischen Zufallsstichproben**. Eine Sonderform der **Zufallsstichproben** sind die **geschichteten Zuallsstichproben**.

Allgemeines Problem von Zufallsstichproben:
Es ist äußerst schwierig, Register aufzutreiben oder zu erstellen, welche tatsächlich jedem Element der Grundgesamtheit die gleiche Chance des Gezogenwerdens erlauben. Im Telefonregister scheinen viele Nummern nicht auf, da sie als Geheimnummern unterdrückt werden. Geheimnummern werden wiederum häufiger von besser etablierten Personen verwendet, weshalb sie über das Telefonregister eine geringere Chance haben, erreicht zu werden.

▼ 2.1.3.2.1 Einfache Zufallsstichprobe
▼ 2.1.3.2.2 Systematische Zufallsstichprobe
▼ 2.1.3.2.3 Geschichtete Zufallsstichprobe

Hilfe   Top

Home   Sitemap   Suche   Bilder   Vorherige   Nächste

Letzte Aktualisierung dieser Seite: 18.06.2010 16:42

[9] Ebermann, Erwin (18.06.2010). Grundlagen statistischer Auswertungsverfahren, 2.1.3.2 Zufallsstichproben. Abgerufen von
http://www.univie.ac.at/ksa/elearning/cp/quantitative/quantitative-18.html
Abgerufen am Montag, 10. November 2014, 7:44, MEZ.

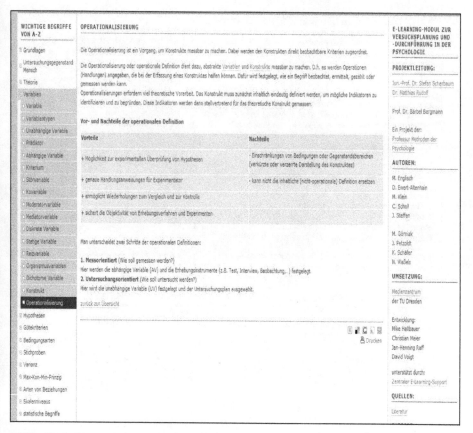

[10] Englisch, M., et. al. (o.D.). Technische Universität Dresden, Versuchspläne, Operationalisierung. Abgerufen von http://elearning.tu-dresden.de/versuchsplanung/e35/e287/e673/

Abgerufen am Sonntag, 16. November 2014, 16:47, MEZ.

2.7.1.1 Operationale Definition: Operationalisierung

"Unter Operationalisierung versteht man die Schritte der Zuordnung von empirisch erfassbaren, zu beobachtenden oder zu erfragenden Indikatoren zu einem theoretischen Begriff. Durch Operationalisierung werden Messungen der durch einen Begriff bezeichneten empirischen Erscheinungen möglich." (Atteslander 2000: 50)

Im Zentrum einer **operationalen Definition** steht also das Anliegen, **theoretische Begriffe empirisch fassbar bzw. messbar zu machen**. So hat jeder ein Alltagsverständnis des theoretischen Begriffs "Soziale Ungleichheit". Was bedeutet es aber, wenn man soziale Ungleichheit empirisch fassbar machen will? Welche Variablen (ein in verschiedenen Ausprägungen vorhandenes Merkmal eines Untersuchungsgegenstandes) des Begriffs soziale Ungleichheit lassen sich benennen und welche davon will man in die Definition und Untersuchung mit aufnehmen?

Eine Operationalisierung dieses Begriffs könnte unter anderem auf folgende Merkmale (Variablen) stoßen: Einkommen, Bildung, Geschlecht, Wohnsituation, etc.

Weiters muss man sich im Zuge einer Operationalisierung fragen, **durch welche direkt beobachtbaren Variablen (Indikatoren)** nun z.B. **ein Merkmal**, wie Einkommen, **gemessen wird**. Wird nach dem Familieneinkommen oder nach dem individuellen Verdienst gefragt, inwieweit werden andere Vermögenswerte (Erspartes, Immobilien etc.) oder nicht "offizielle" Einkommensquellen (z.B. Taschengeld, Zuwendungen von Verwandten) berücksichtigt?

Insgesamt werden im Zuge der Operationalisierung also theoretische oder abstrakte Begriffe, welche nicht direkt messbar sind, durch die Zuordnung von Indikatoren, die als Stellvertreter für den abstrakten Begriff fungieren, operationalisiert und dadurch messbar gemacht.

Dies lässt sich auch an folgendem Beispiel zum Begriff des Studienerfolgs veranschaulichen.

[13] Halbmayer, Ernst (18.06.2010). Operationale Definition. Operationalisierung

Abgerufen von

http://www.univie.ac.at/ksa/elearning/cp/ksamethoden/ksamethoden-43.html

Abgerufen am Montag, 17. November 2014, 20:07, MEZ.